AF175745

Impressum
Verlag: BABADADA GmbH, Nedderfeld 112 , 22529 Hamburg
Geschäftsführer / Verlagsleitung: Harald Hof
Druck: Books on Demand GmbH, In de Tarpen 42, 22848 Norderstedt

Imprint
Publisher: BABADADA GmbH, Nedderfeld 112 , 22529 Hamburg, Germany
Managing Director / Publishing direction: Harald Hof
Print: Books on Demand GmbH, In de Tarpen 42, 22848 Norderstedt

學校

escola

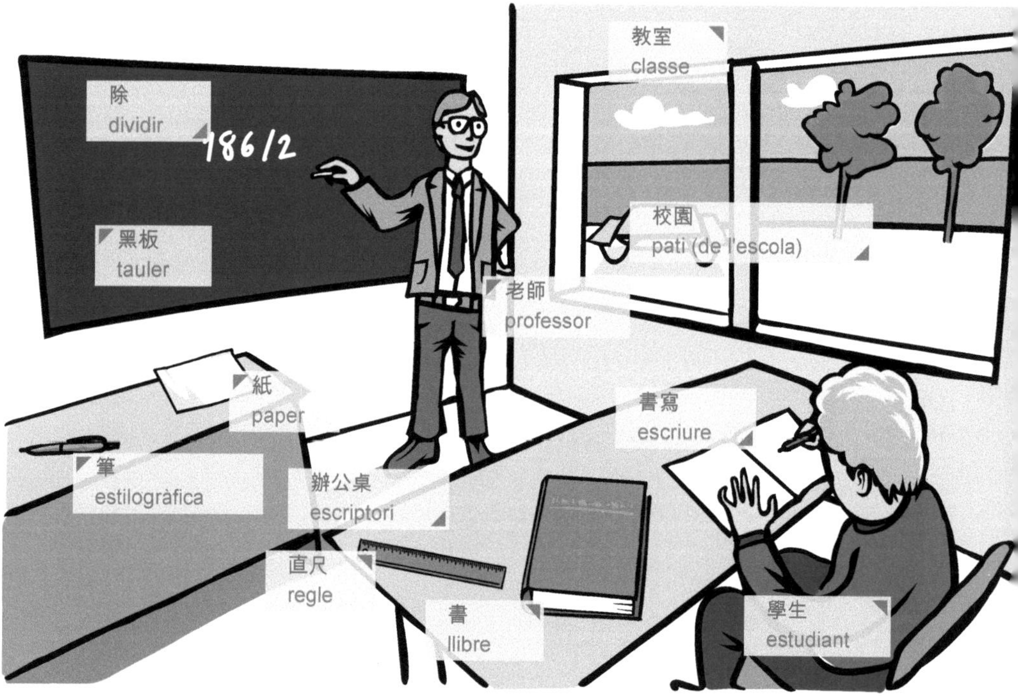

教室
classe
除
dividir
186/2
黑板
tauler
校園
pati (de l'escola)
老師
professor
紙
paper
書寫
escriure
筆
estilogràfica
辦公桌
escriptori
直尺
regle
書
llibre
學生
estudiant

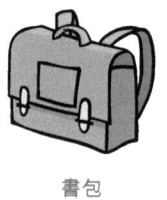

書包

bossa

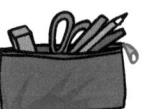

鉛筆盒

estoig

鉛筆

llapis

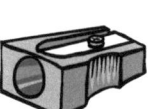

削鉛筆機

maquineta de fer punta

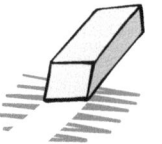

橡皮擦

goma

畫板

bloc de dibuix

圖畫
dibuix

畫筆
pinzell

顏料盒
capsa de pintures

剪刀
tisores

膠水
cola

練習冊
quadern d'exercicis

家庭作業
deures

12

數字
nombre

2+2

加
afegir

5-2

減
sostreure

2×2

乘
multiplicar

計算
calcular

A

字母
lletra

ABCDEFG
HIJKLMN
OPQRSTU
VWXYZ

字母表
alfabet

hello

字
mot

課文

text

讀

llegir

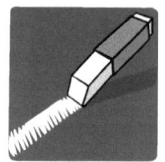

粉筆

guix

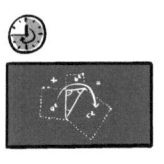

上課

lliçó

登記

llibre de classe

考試

examen

證書

certificat

校服

uniforme escolar

教育

formació

百科全書

enciclopèdia

大學

universitat

顯微鏡

microscopi

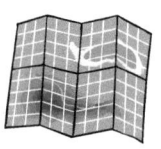

地圖

mapa

廢紙簍

paperera

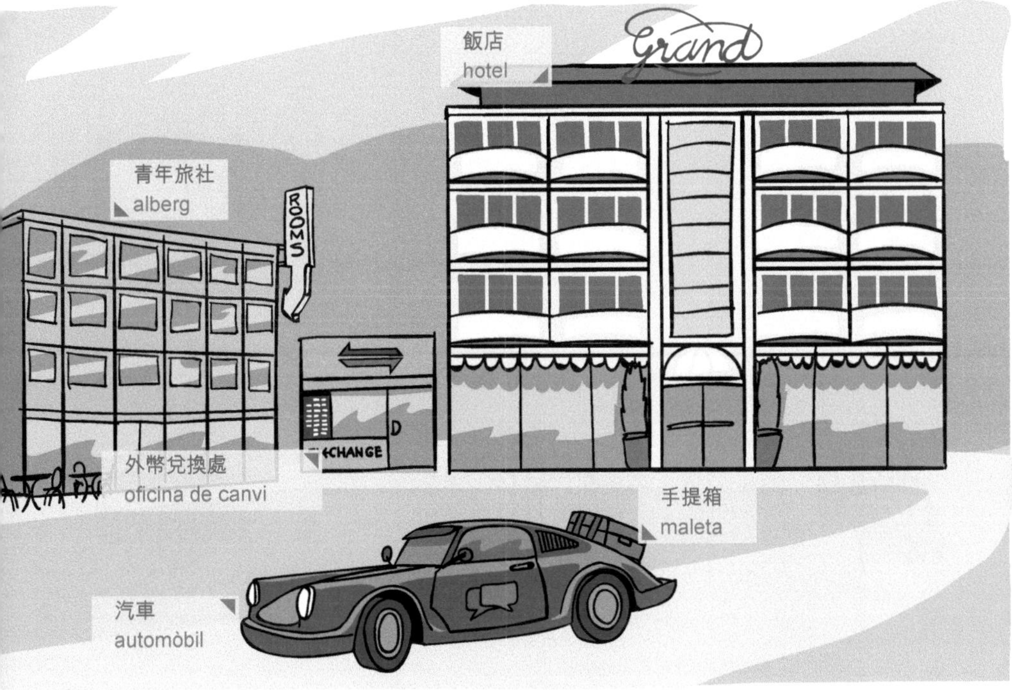

飯店
hotel
Grand
青年旅社
alberg
ROOMS
EXCHANGE
外幣兌換處
oficina de canvi
手提箱
maleta
汽車
automòbil

語言
llengua

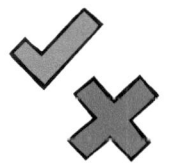

是/否
sí / no

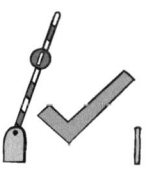

好的
D'acord

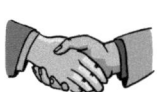

您好
Ey!

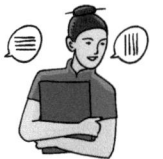

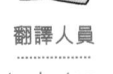

翻譯人員
traductora

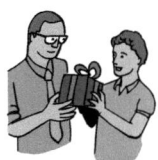

謝謝
gràcies

……多少錢？

Quant costa… ?

我不明白

No entenc

問題

problema

晚上好！

Bona nit!

早上好！

bon dia!

晚安！

bona nit!

再見

fins aviat

方向

direcció

行李

bagatge

包

bossa

背包

sarrona

客人

convidat

房間

cambra

睡袋

sac de dormir

帳篷

tenda

旅行資訊

oficina de turisme

海灘

platja

信用卡

carta de crèdit

早餐

esmorzar

午餐

dinar

晚餐

sopar

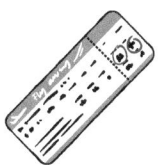

票

bitllet

電梯

ascensor

郵票

segell

濱界

frontera

海關

duana

大使館

ambaixada

簽證

visat

護照

passaport

交通運送
transport

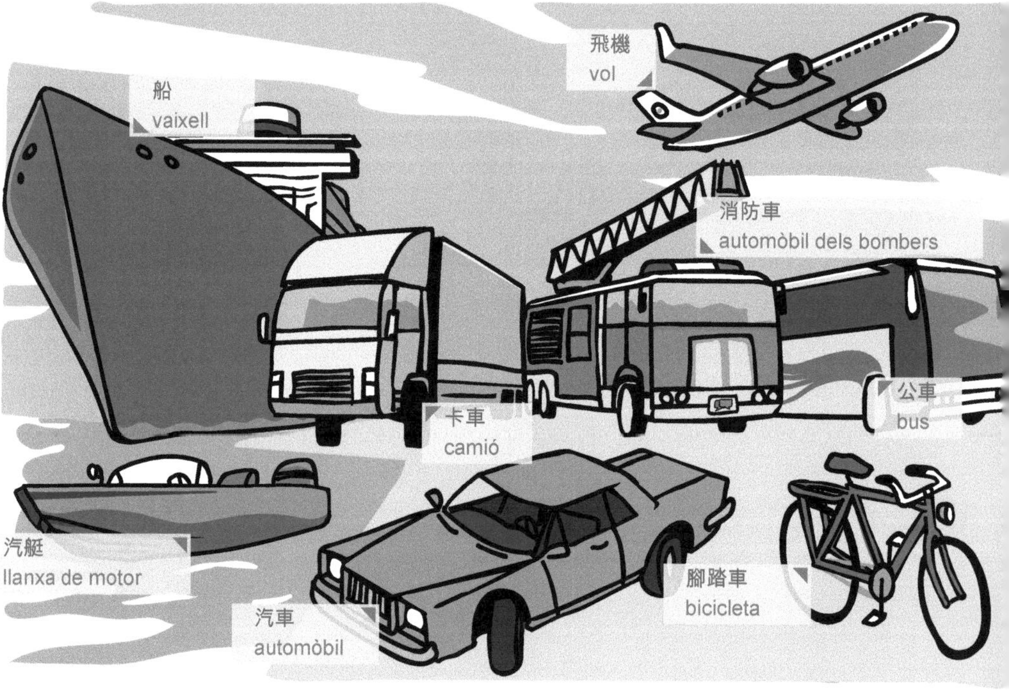

飛機
vol
船
vaixell
消防車
automòbil dels bombers
卡車
camió
公車
bus
汽艇
llanxa de motor
腳踏車
bicicleta
汽車
automòbil

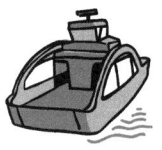

渡輪

transbordador

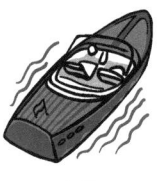

小船

barca

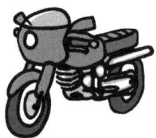

機車

moto

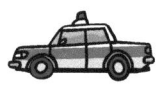

警車

automòbil de policia

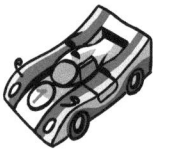

賽車

automòbil de curses

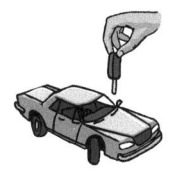

租車

automòbil de lloguer

拼車

vehicle compartit

拖車

grua

垃圾車

camió de les escombraries

馬達

motor

汽油

benzina

加油站

benzineria

交通標識

senyal de trànsit

交通

trànsit

交通堵塞

embús

停車場

aparcament

火車站

estació de trens

軌道

vies

火車

tren

路面電車

tramvia

客車廂

vagó

直升機
helicòpter

機場
aeroport

塔
torre

乘客
passatger

集裝箱
contenidor

紙板箱
capsa de cartó

手推車
carretó

籃子
cistella

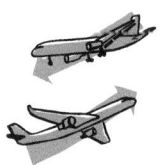

起飛/降落
enlairar-se / aterrar

城市
ciutat

村莊
poble

市中心
centre de la ciutat

房子
casa

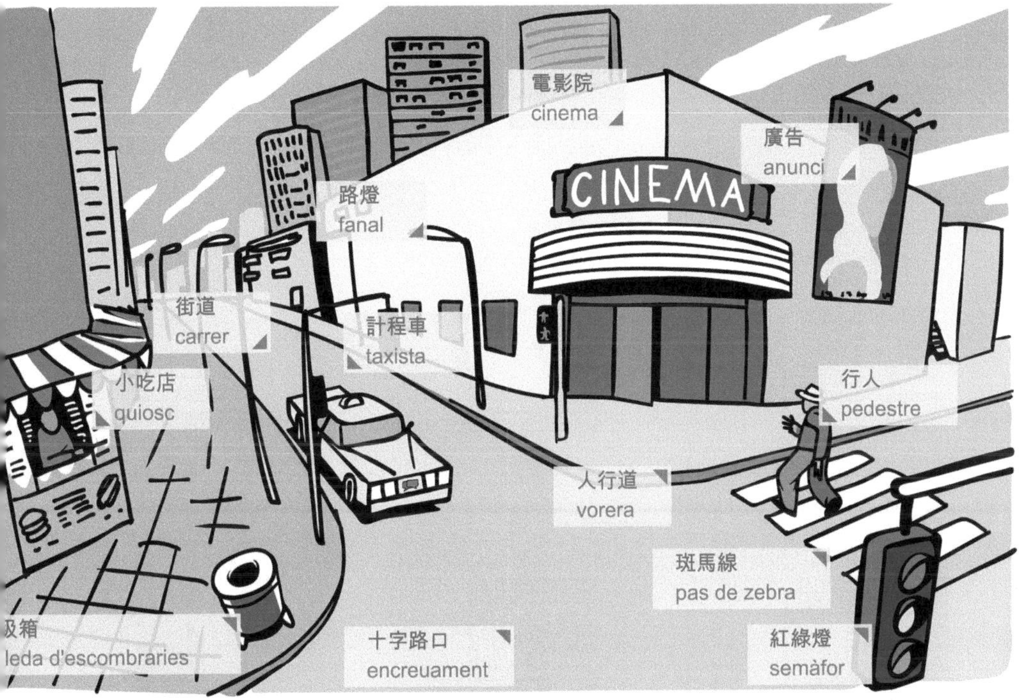

電影院
cinema

廣告
anunci

路燈
fanal

街道
carrer

計程車
taxista

小吃店
quiosc

行人
pedestre

人行道
vorera

斑馬線
pas de zebra

及箱
leda d'escombraries

十字路口
encreuament

紅綠燈
semàfor

小屋
cabana

公寓
apartament

火車站
estació de trens

市政廳
casa de la vila-ciutat

博物館
museu

學校
escola

城市 - ciutat

大學
universitat

銀行
banca

醫院
hospital

飯店
hotel

藥房
farmàcia

辦公室
oficina

書店
llibreria

商店
botiga

花店
floristeria

超市
supermercat

市場
mercat

百貨商店
gran magatzem

魚店
peixateria

購物中心
centre comercial

海港
port

公園

parc

長凳

banc

橋

pont

樓梯

escala

捷運

metro

隧道

túnel

公車站

parada d'autobús

酒吧

bar

餐館

restaurant

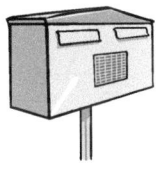

郵筒

bústia de correu

路標

senyal indicador

停車計時器

parquímetre

動物園

zoo

游泳池

piscina

清真寺

mesquita

農場
granja

污染
pol·lució

墓地
cementiri

教堂
església

操場
parc infantil

寺廟
temple

地形

paisatge

樹葉
fulla

指示牌
cartell indicador

路
camí

草地
prat

石頭
pedra

徒步旅行者
excursionista

樹
arbre

河
riu

草
gespa

花
flor

峽谷
vall

丘陵
muntanya

湖
llac

森林
bosc

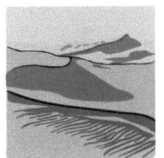

沙漠
desert

火山
volcà

城堡
castell

彩虹
arc de Sant Martí

蘑菇
bolet

棕櫚樹
palmera

蚊子
moscard

蒼蠅
mosca

螞蟻
formiga

蜜蜂
abella

蜘蛛
aranya

地形 - paisatge

甲蟲
escarabat

青蛙
granota

松鼠
esquirol

刺蝟
eriçó

野兔
llebre

貓頭鷹
òliba

鳥
ocell

天鵝
cigne

野豬
senglar

鹿
cervo

麋鹿
ant

水壩
presa

風力發電機
turbina

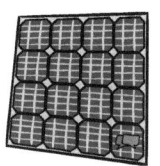

太陽能電池板
panell solar

氣候
clima

服務生
cambrer

菜譜
menú

椅子
cadira

湯
sopa

披薩餅
pizza

餐具
coberts

桌布
tovalla

前菜

primer plat

主菜

plat principal

甜點

darreries

飲料

begudes

食物

menjar

瓶子

ampolla

速食

menjar ràpid

街邊小吃

menjar de carrer

茶壺

tetera

糖盒

sucrer

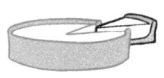

一份飯菜

porció

義式咖啡機

màquina d'espresso

高腳椅

trona

帳單

factura

托盤

plata

刀

ganivet

餐叉

forqueta

勺子

cullera

茶匙

cullereta

餐巾

tovalló

玻璃杯

got

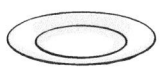

碟子
plat

湯盤
plat de sopa

碟子
plateret

醬
salsa

鹽瓶
saler

胡椒研磨罐
molinet de pebre

醋
vinagre

食用油
oli

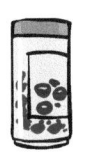

調味料
espècies

番茄醬
quètxup

芥末
mostassa

美乃滋
maionesa

超市

supermercat

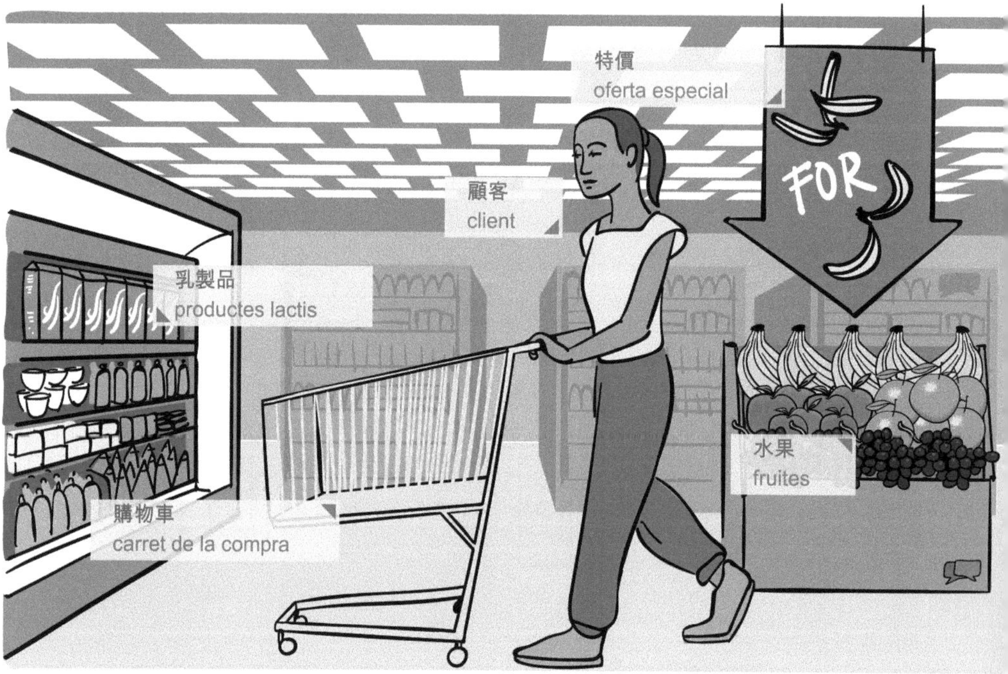

特價
oferta especial
FOR
顧客
client
乳製品
productes lactis
水果
fruites
購物車
carret de la compra

BUTCHERS

肉鋪

carnisseria

BAKERY

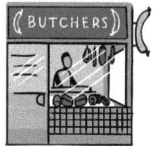

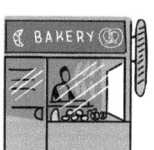

麵包店

forn de pa

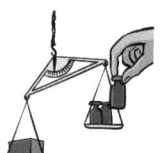

稱重

pesar

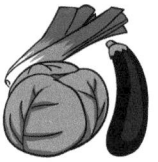

蔬菜

verdures

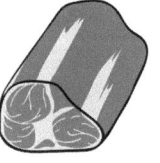

肉

carn

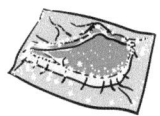

冷凍食品

menjar congelat

冷盤

carn freda

罐頭食品

conserves

洗衣粉

detergent en pols

甜食

dolços

日用品

articles domèstics

清潔用品

productes de neteja

銷售員

venedora

收銀機

caixa registradora

收銀員

caixera

購物清單

llista de la compra

開放時間

horari d'obertura

錢包

portamonedes

信用卡

carta de crèdit

袋子

bossa

塑膠袋

bossa de plàstic

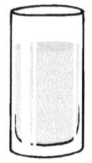

水

aigua

果汁

suc

牛奶

llet

可樂

coca-cola

紅酒

vi

啤酒

cervesa

酒

alcohol

可可

cacau

茶

te

咖啡

cafè

義式濃縮咖啡

espresso

卡布奇諾

cappuccino

香蕉

banana

蘋果

poma

柳丁

taronja

西瓜

síndria

檸檬

llimona

胡蘿蔔

pastanaga

大蒜

all

竹子

bambú

洋蔥

ceba

蘑菇

bolet

堅果

avellanes

麵條

fideus

義大利麵

espaguetis

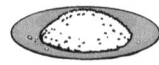

米飯

arròs

沙拉

amanida

薯條

patates fregides

炸馬鈴薯

patates fregides

披薩餅

pizza

漢堡

hamburguesa

三明治

entrepà

炸豬排

escalopa

火腿

cuixot

義大利臘腸

salami

香腸

salsitxa

雞肉

pollastre

烤肉

rostit

魚

peix

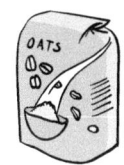

燕麥片

flocs de civada

木斯里

musli

玉米片

cereals

麵粉

farina

牛角麵包

croissant

麵包捲

panet

麵包

pa

吐司

torrada

餅乾

bescuits

奶油

mantega

凝乳,

mató

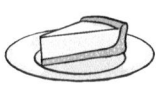

蛋糕

pastís

蛋

ou

煎蛋

ou fregit

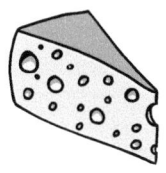

起司

formatge

冰淇淋

gelat

糖

sucre

蜂蜜

mel

果醬

melmelada

巧克力醬

crema de xocolata

咖哩

curri

農舍
▶ granja

糧倉
▶ graner

稻草捆
bala de palla

田野
camp ▶

馬
▶ cavall

拖車
remolc

拖拉機
tractor

馬駒
▶ poltre

驢
▶ ase

羔羊
▶ xai

羊
ovella

山羊

cabra

奶牛

vaca

小牛

vedella

豬

porc

小豬

garrí

公牛

bou

鵝
oca

鴨
ànec

小雞
poll

母雞
gall

公雞
gallina

鼠
rata

貓
gat

老鼠
ratolí

牛
bou

狗
gos

狗屋
gossera

花園澆水軟管
mànega de regar

澆水壺
regadora

長柄大鐮刀
dalla

犁
arada

鐮刀
falç

鋤頭
aixada

長柄草耙
forca

斧頭
destral

獨輪手推車
carretó

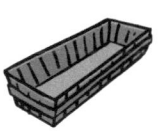

飼料槽
abeurador

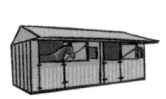

牛奶罐
lletera

麻布袋
sac

柵欄
tanca

馬廄
establa

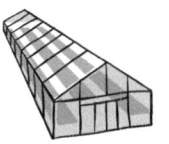

溫室
hivernacle

土壤
sòl

種子
llavor

肥料
adob

聯合收割機
collidora

收割

collir

收割

collita

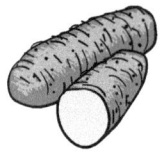

地瓜

nyam

小麥

blat

大豆

soja

土豆

patata

玉米

blat de moro o d'indi

油菜籽

colza

果樹

arbre fruiter

樹薯

mandioca

穀物

cereals

房子
casa

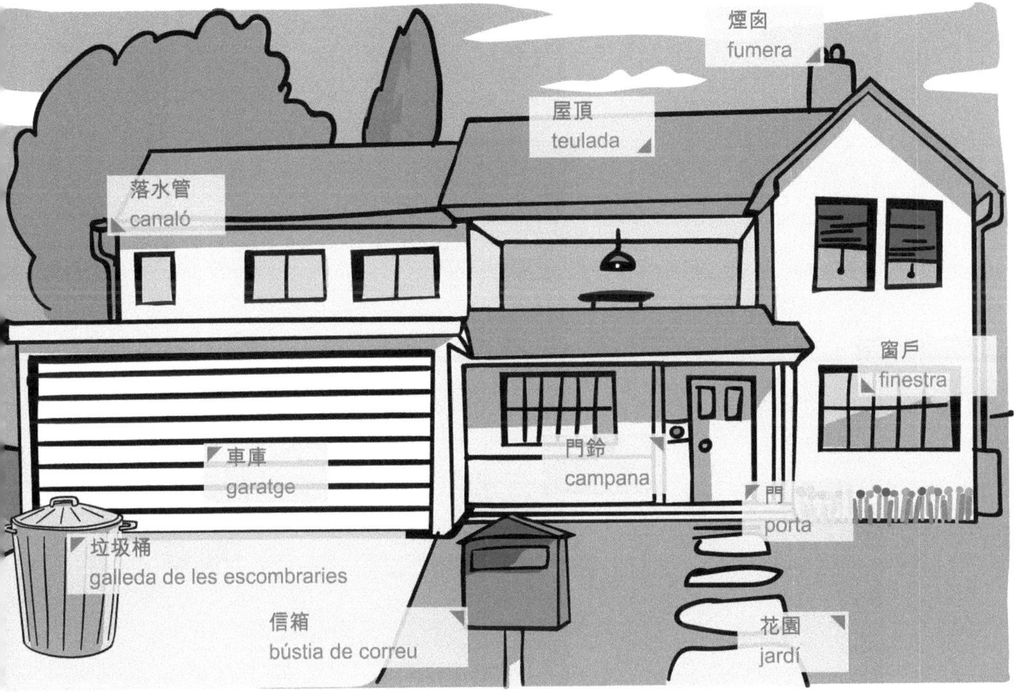

煙囱
fumera
屋頂
teulada
落水管
canaló
窗戶
finestra
車庫
garatge
門鈴
campana
門
porta
垃圾桶
galleda de les escombraries
信箱
bústia de correu
花園
jardí

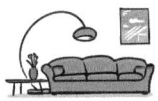

客廳

sala d'estar

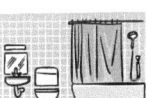

浴室

bany

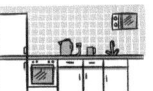

廚房

cuina

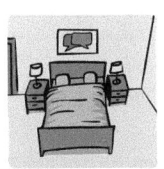

臥室

cambra de dormir

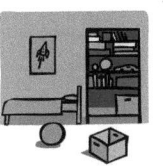

兒童房

cambra de nen

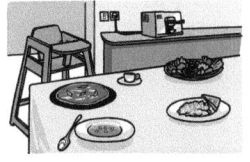

餐廳

menjador

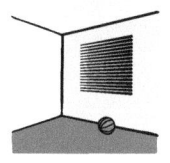

地板
sòl

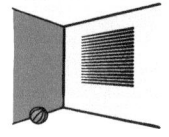

牆壁
paret

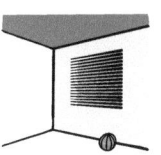

天花板
sostre

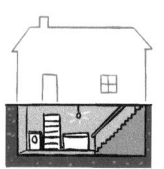

地窖
soterrani

三溫暖
sauna

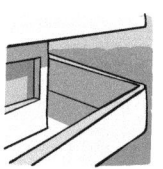

陽臺
balcó

露臺
terrassa

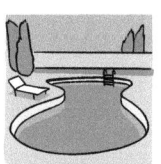

游泳池
piscina

割草機
tallagespa

被單
vànova

床罩
cobrellit

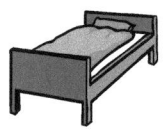

床
llit

掃帚
escombra

水桶
galleda

開關
interruptor

客廳

sala d'estar

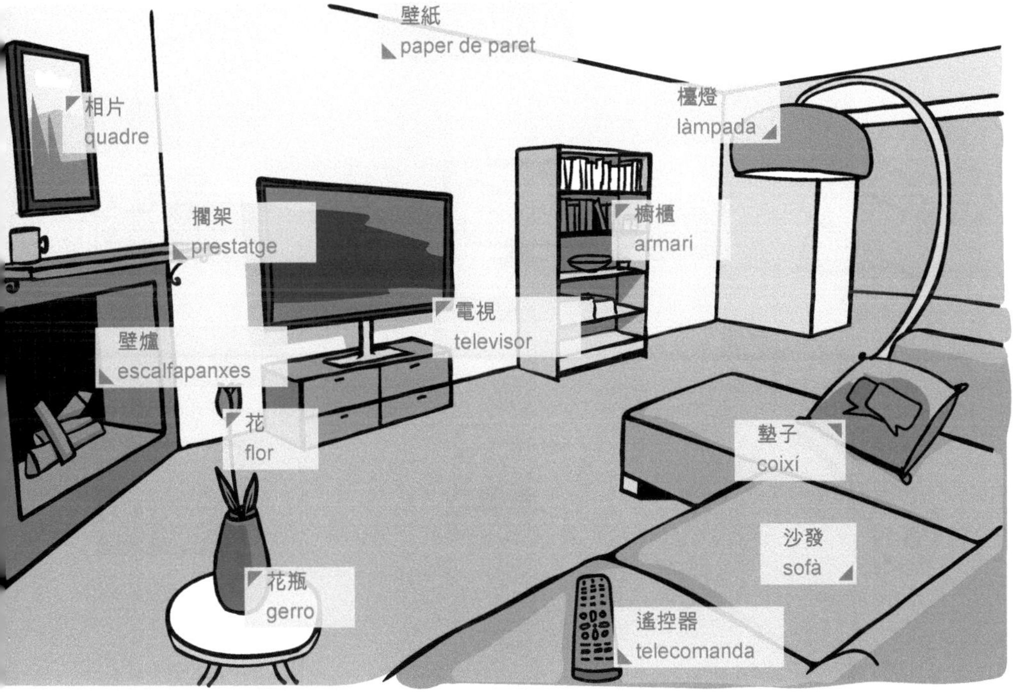

壁紙
paper de paret
相片
quadre
檯燈
làmpada
擱架
prestatge
櫥櫃
armari
電視
televisor
壁爐
escalfapanxes
花
flor
墊子
coixí
沙發
sofà
花瓶
gerro
遙控器
telecomanda

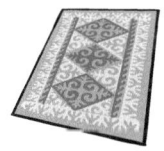

地毯

catifa

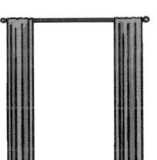

窗簾

cortina

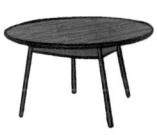

餐桌

taula

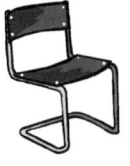

椅子

cadira

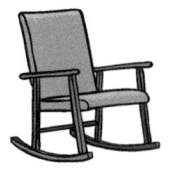

搖椅

cadira gronxadora

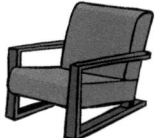

扶手椅

cadiral

書
llibre

毯子
llençol

裝飾品
decoració

木柴
llenya

電影
film

高傳真音響
cadena de música

鑰匙
clau

報紙
diari

油畫
pintura

海報
cartell

收音機
ràdio

筆記本
bloc de notes

吸塵器
aspiradora

仙人掌
cactus

蠟燭
candela

廚房

cuina

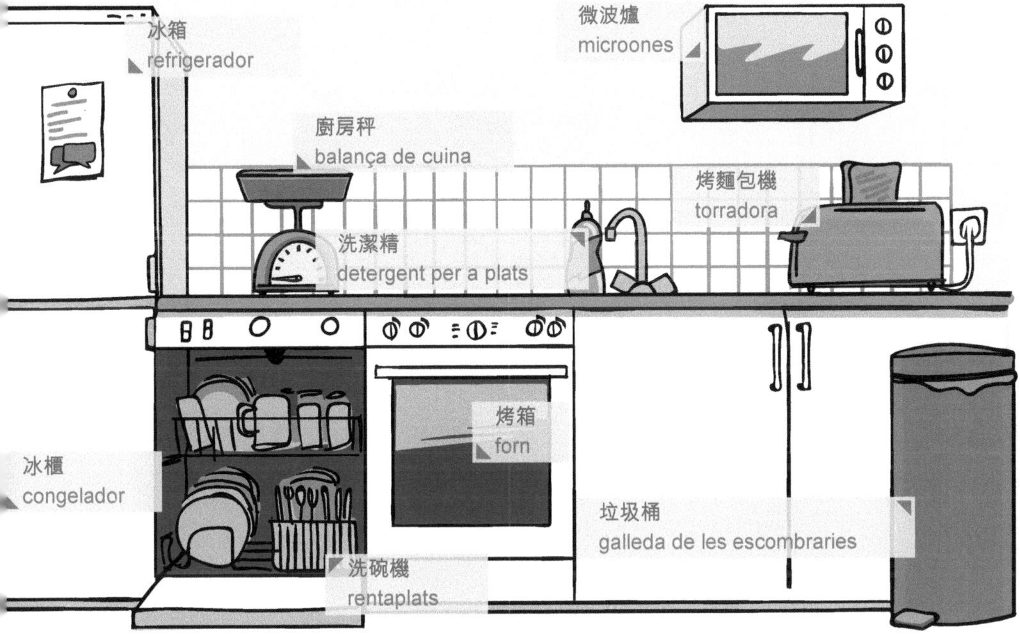

冰箱
refrigerador
微波爐
microones
廚房秤
balança de cuina
烤麵包機
torradora
洗潔精
detergent per a plats
烤箱
forn
冰櫃
congelador
垃圾桶
galleda de les escombraries
洗碗機
rentaplats

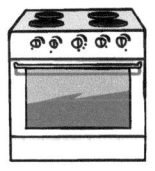

炊具

cuina de fogons

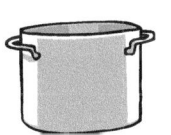

鍋

olla

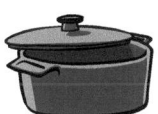

鑄鐵鍋

olla de ferro colat

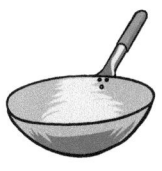

炒鍋

wok / karahi

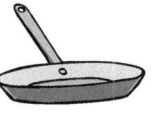

平底鍋

paella

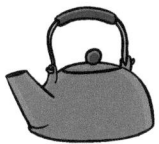

水壺

bullidor

蒸鍋

olla de vapor

烤盤

plata de forn

陶瓷鍋

vaixella

馬克杯

tassa grossa

碗

bol

筷子

bastonets xinesos

長柄勺

culler

鏟子

espàtula

攪拌器

batedor

濾網

colador

篩子

sedàs

磨碎機

ratllador

研缽

morter

燒烤

barbacoa

明火

foc a terra

菜板
taula de tallar

擀麵杖
corró

開瓶器
llevataps

罐子
pot de conserva

開罐器
obridor

隔熱手套
agafador

水槽
aigüera

刷子
raspall

海綿
esponja

攪拌機
batedora

冷藏箱
congelador

奶瓶
biberó

水龍頭
aixeta

浴室
bany

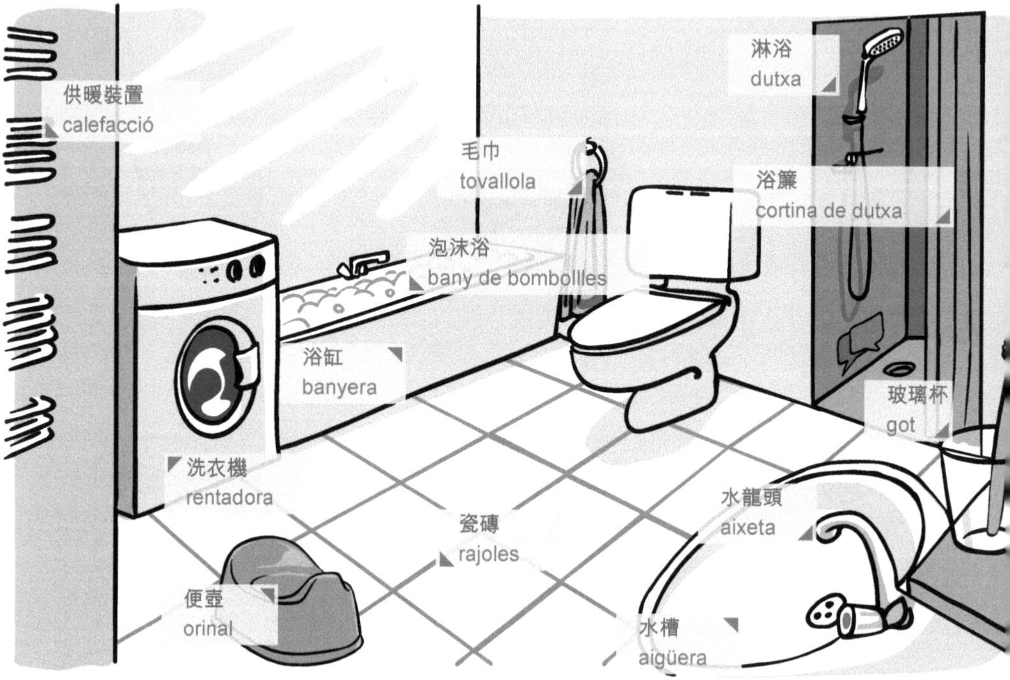

供暖裝置
calefacció
毛巾
tovallola
淋浴
dutxa
浴簾
cortina de dutxa
泡沫浴
bany de bombolles
浴缸
banyera
玻璃杯
got
洗衣機
rentadora
水龍頭
aixeta
瓷磚
rajoles
便壺
orinal
水槽
aigüera

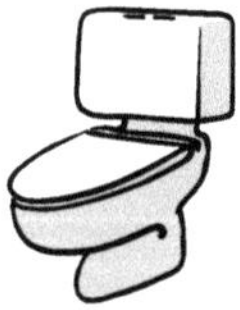

廁所
lavabo

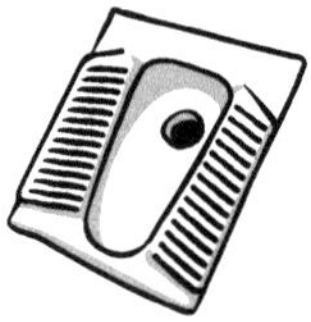

蹲便器
lavabo turc

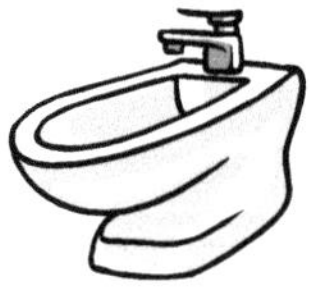

坐浴器
bidet

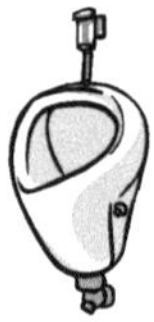

小便斗
orinador

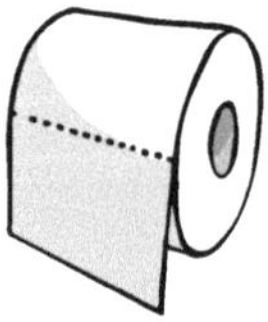

廁紙
paper higiènic

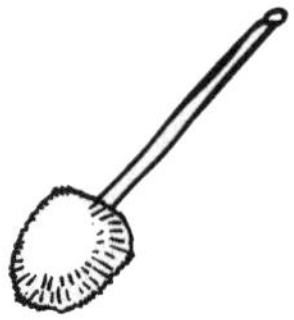

馬桶刷
escombreta de sanitari

牙刷

raspall de dents

牙膏

pasta de dents

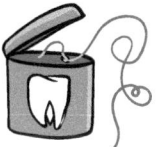

牙線

fil dental

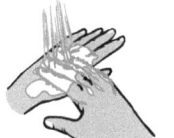

洗

rentar

手持式蓮蓬頭

pom de dutxa

沖洗器

dutxa íntima

洗臉盆

rentamans

洗背刷

raspall per a l'esquena

肥皂

sabó

沐浴露

gel de dutxa

洗髮乳

xampú

法蘭絨

manyopla de bany

排水

bonera

乳霜

crema

除臭劑

desodorant

浴室 - bany

鏡子

mirall

手鏡

mirall-espill de mà

刮鬍刀

maquineta de rasar

刮鬍泡沫

espuma de barbejar

鬍後水

loció post-rasada

梳子

pinta

刷子

raspall

吹風機

eixugador

噴髮定型劑

laca

化妝品

maquillatge

唇膏

pintallavis

指甲油

esmalt d'ungles

化妝棉

cotó

指甲剪

tallaungles

香水

perfum

洗漱包

estoig de bellesa

凳子

tamboret

計重秤

bàscula

浴袍

barnús

橡膠手套

guants de goma

衛生棉條

compresa higiènica

衛生棉

compresa

化學廁所

sanitari químic

兒童房

cambra de nen

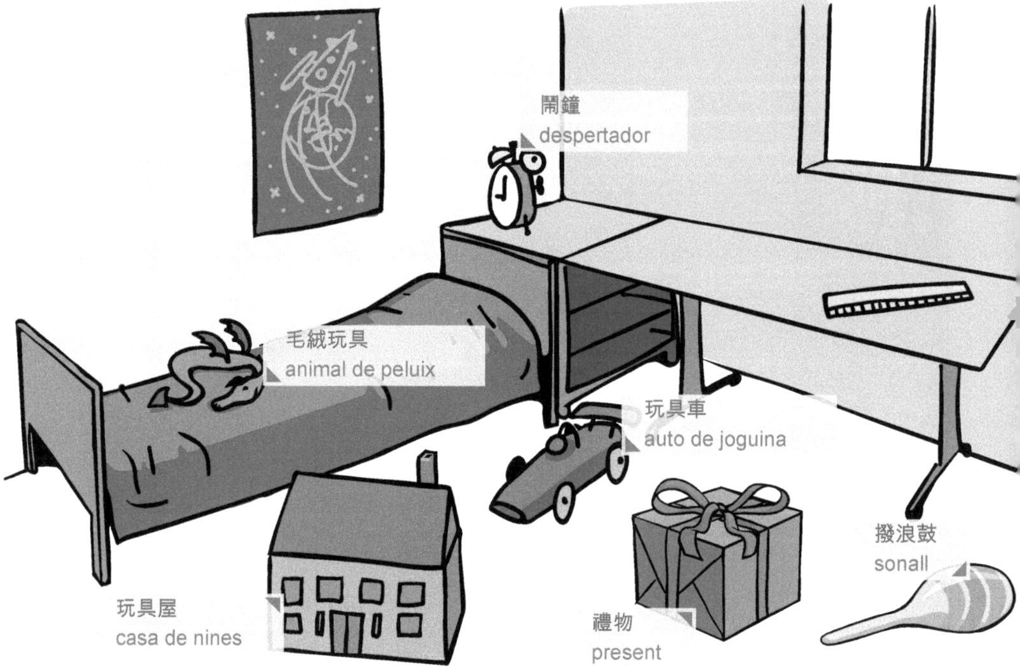

鬧鐘
despertador
毛絨玩具
animal de peluix
玩具車
auto de joguina
撥浪鼓
sonall
玩具屋
casa de nines
禮物
present

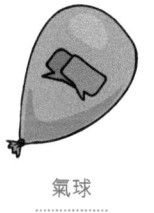

氣球

balό

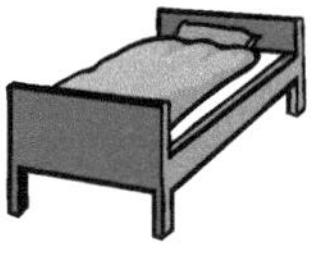

床

llit

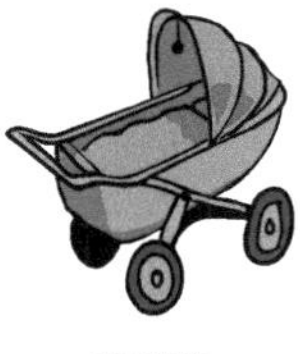

嬰兒車

cotxet per a nens

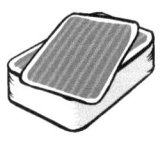

撲克牌

joc de cartes

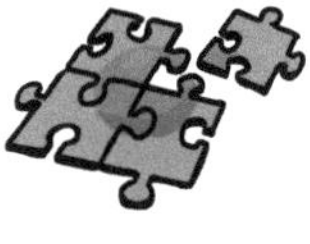

拼圖

trencaclosca

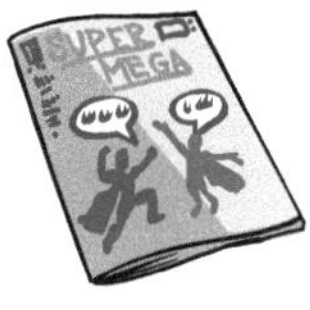

SUPER MEGA

漫畫

historieta

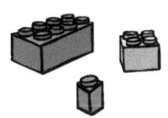

樂高積木

peces de lego

積木玩具

peces de construcció

公仔

ninot d'acció

嬰兒服

granota

飛盤

frisbee

床鈴玩具

mòbil per a bressol

棋盤遊戲

joc de taula

骰子

daus

火車模型

tren elèctric

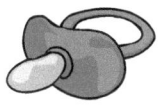

安撫奶嘴

xumet

派對

festa

繪本

llibre de dibuixos

球

pilota

洋娃娃

nina

玩

jugar

沙坑

sorrera

鞦韆

gronxador

玩具

joguines

電玩遊戲

consola de jocs de vídeo

三輪車

tricicle

泰迪熊

osset de peluix

衣櫃

armari

衣服
roba

襪子

mitjons

長襪

mitges

緊身褲

mitja pantaló

圍巾
tapacoll

雨傘
paraigua

T恤
camiseta

皮帶
cintura

靴子
botes

拖鞋
plantofes

運動鞋
sabates d'esport

涼鞋
sandàlies

鞋
sabates

雨靴
botes de goma

內褲
calçonets

胸罩
sostenidor

背心
guardapits

衣服 - roba

身體

jjustacòs

褲子

pantalons

牛仔褲

jeans

短裙

faldeta

女式襯衫

brusa

襯衫

camisa

套頭衫

jersei

連帽上衣

dessuadora

西裝夾克

blazer

夾克

jaqueta

外套

mantell

雨衣

impermeable

套裝

vestit de dona

連衣裙

vestit de dona

婚紗

vestit de núvia

西裝

vestit d'home

睡袍

camisa de dormir

睡衣

pijama

莎麗

sari

頭巾

mocador de cap

包頭巾

turbant

波卡

burca

卡夫坦

caftan

(阿拉伯式)長袍

abaia

泳衣

vestit de bany

男式泳褲

calçon(et)s de bany

短褲

pantalons curts

運動服

xandall

圍裙

davantal

手套

guants

鈕扣
botó

眼鏡
ulleres

手鏈
braçalet

項鍊
collaret

戒指
anell

耳環
orellera

便帽
casquet

衣架
penjador

帽子
capell

領帶
corbata

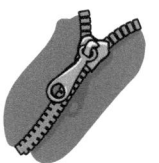

拉鍊
cremallera

安全帽
casc

背帶
elàstics

校服
uniforme escolar

制服
uniforme

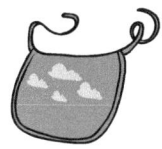

圍兜

pitet

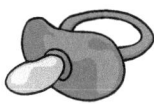

安撫奶嘴

xumet

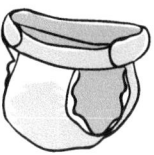

尿布

bolquer

辦公室
oficina

伺服器
servidor
檔案櫃
armari arxivador
紙
paper
印表機
impressora
螢幕
monitor
滑鼠
ratolí
辦公桌
escriptori
資料夾
arxivador
鍵盤
teclat
廢紙簍
paperera
電腦
ordinador
椅子
cadira

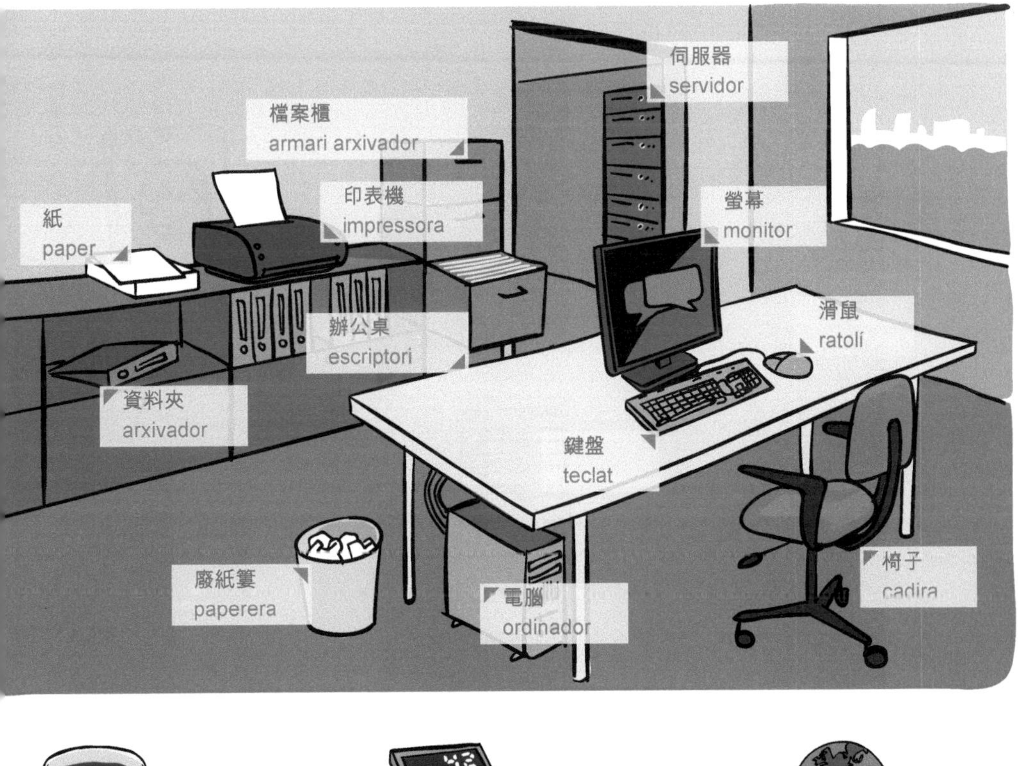

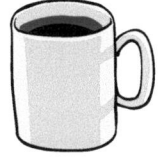

咖啡杯

tassa de cafè

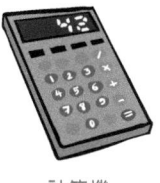

計算機

calculadora

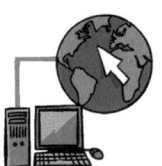

網際網路

Internet

筆記型電腦

ordinador portàtil

信件

lletra

簡訊

missatge

行動電話

mòbil

網路

xarxa

影印機

fotocopiadora

軟體

programari

電話

telèfon

插座

presa de corrent

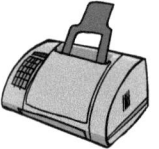

傳真機

fax

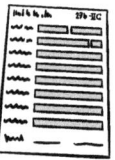

表格

formulari

檔案

document

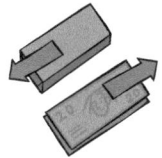

買
....
comprar

付錢
....
pagar

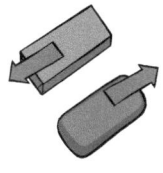

交易
....
comerciar

現金
....
diners

美元
....
dòlar

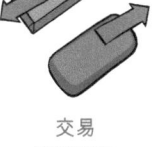

歐元
....
euro

日元
....
ien

盧布
....
ruble

瑞士法郎
....
franc suís

人民幣
....
renminbi

盧比
....
rupia

提款處
....
caixa automàtica

外幣兌換處

oficina de canvi

金

or

銀

argent

石油

petroli

能源

energia

價格

preu

合約

contracte

稅金

impost

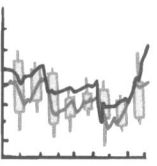

股票

acció

工作

treballar

職員

treballador

老闆

empresari

工廠

fàbrica

商店

botiga

職業
oficis

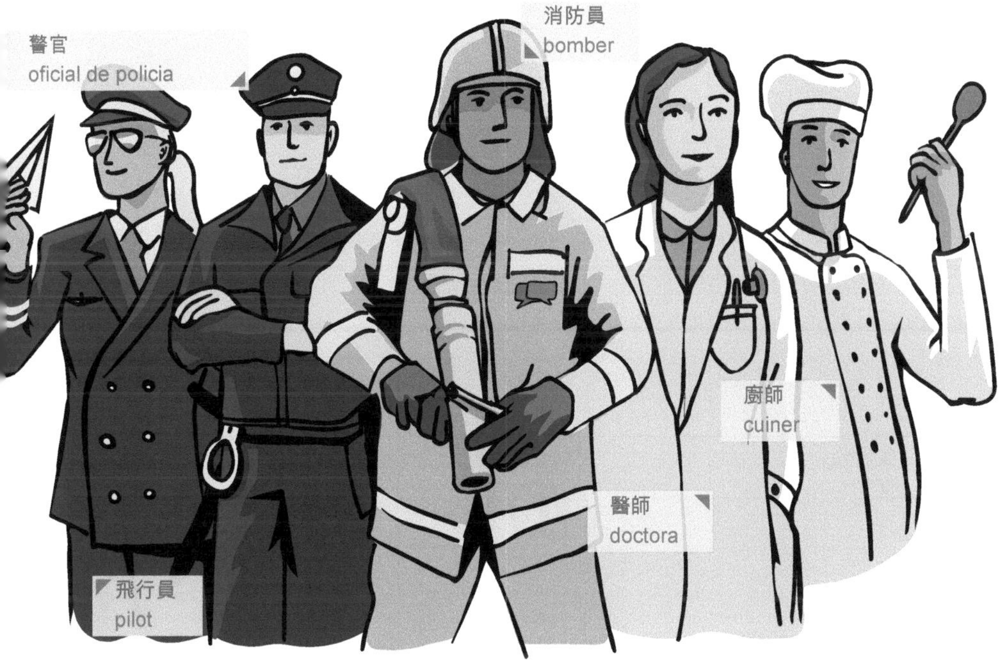

警官
oficial de policia
消防員
bomber
廚師
cuiner
醫師
doctora
飛行員
pilot

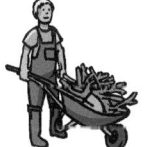

園丁

jardiner

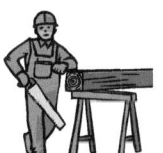

木匠

fuster

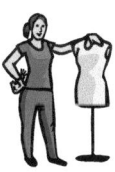

裁縫

costurera

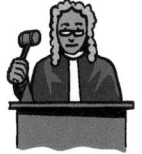

法官

jutge

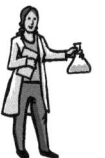

化學家

química

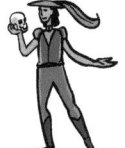

演員

actor

公車司機

conductor d'autobús

計程車司機

taxista

漁夫

pescador

清洗女工

dona de la neteja

屋頂工

ensostrador

服務生

cambrer

獵人

caçador

畫家

pintor

麵包師

forner

電工

electricista

建築工人

obrer de la construcció

工程師

enginyer

屠夫

carnisser

水管工

llanterner

郵差

correu

士兵

soldat

建築師

arquitecte

收銀員

caixera

花農

florista

理髮師

perruquer

售票員

revisor

機械技師

mecànic

船長

capità

牙醫

dentista

科學家

científic

拉比

rabí

伊瑪目

imam

和尚

monjo

牧師

capellà

工具

eines

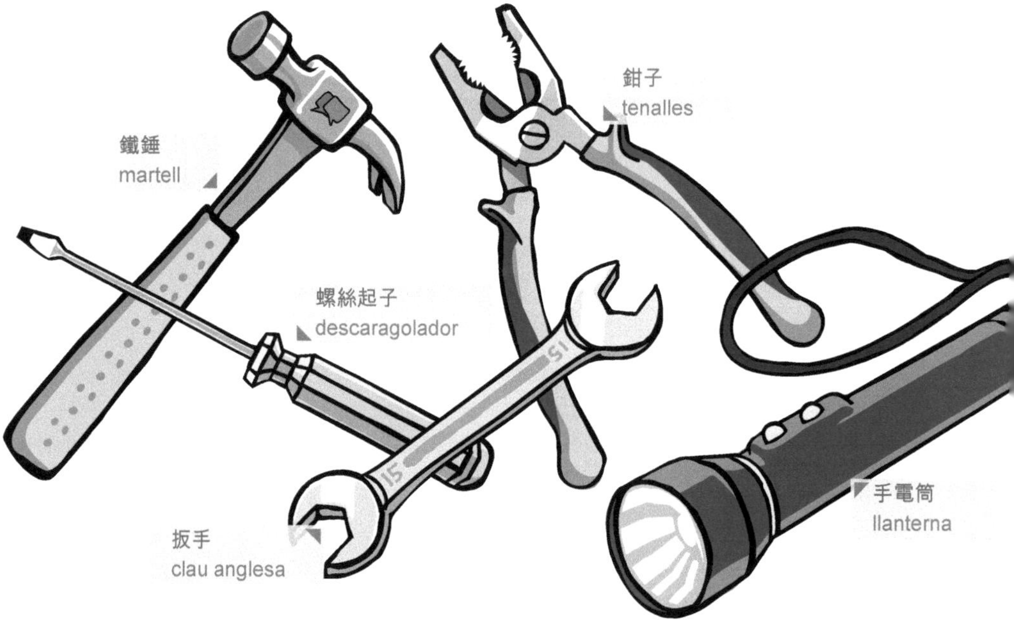
鐵鎚
martell
鉗子
tenalles
螺絲起子
descaragolador
扳手
clau anglesa
手電筒
llanterna

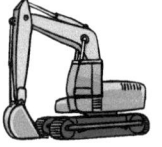

挖掘機

excavadora

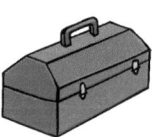

工具箱

caixa d'eines

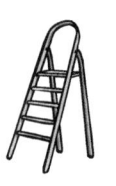

梯子

escala

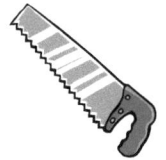

鋸子

serra

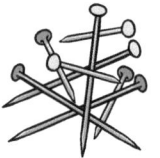

釘子

claus

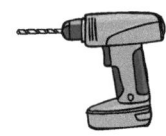

鑽機

trepant

修
reparar

鏟子
pala

糟糕！
Maleït siga!

畚箕
pala

油漆桶
pot de pintura

螺絲
caragols

樂器
instrument de música

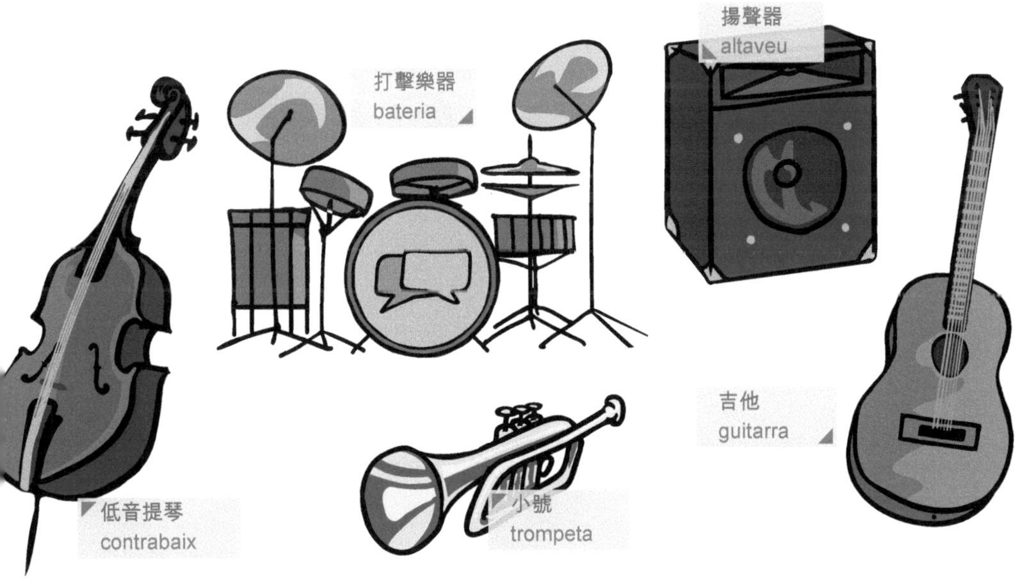

打擊樂器
bateria

揚聲器
altaveu

吉他
guitarra

低音提琴
contrabaix

小號
trompeta

鋼琴

piano

小提琴

violí

貝斯

baix

定音鼓

timbal

鼓

tambor

電子琴

teclat

薩克斯風

saxofon

長笛

flauta

麥克風

micròfon

樂器 - instrument de música

動物園

ZOO

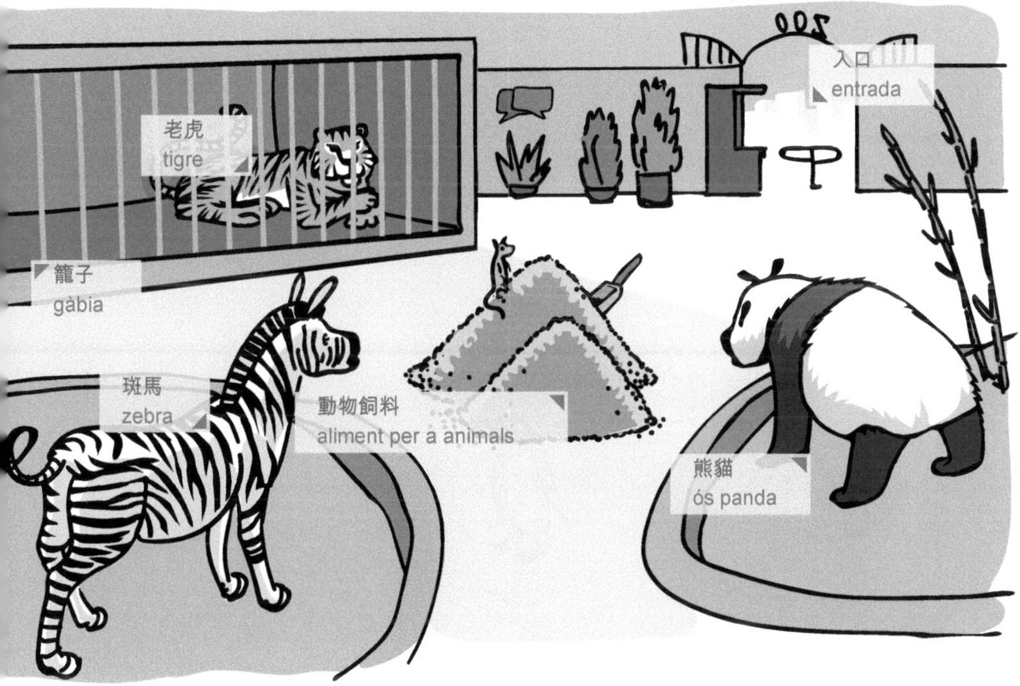

入口
entrada
老虎
tigre
籠子
gàbia
斑馬
zebra
動物飼料
aliment per a animals
熊貓
ós panda

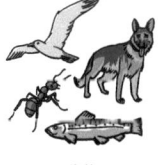

動物

animals

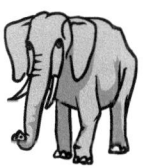

大象

elefant

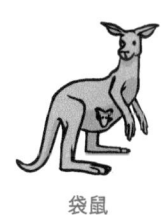

袋鼠

cangurú

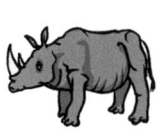

犀牛

rinoceront

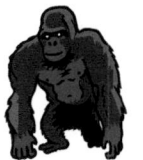

大猩猩

goril·la

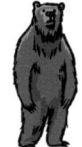

熊

ós

駱駝

camell

鴕鳥

estruç

獅子

lleó

猴子

simi

紅鶴

flamenc

鸚鵡

papagai

北極熊

ós polar

企鵝

pingüí

鯊魚

ca mari

孔雀

paó

蛇

serp

鱷魚

cocodril

動物園管理員

guardià del zoo

海豹

foca

美洲豹

jaguar

矮種馬
poni

豹
lleopard

河馬
hipopòtam

長頸鹿
girafa

老鷹
àliga

野豬
senglar

魚
peix

龜
tortuga

海象
morsa

狐狸
guineu

羚羊
gasela

橄欖球
futbol americà

騎腳踏車
ciclisme

網球
tenis

籃球
bàsquet

游泳
natació

拳擊
boxa

冰球
hoquei sobre gel

美式足球
futbol americà

羽毛球
bàdminton

田徑
atletisme

手球
handbol

滑雪
esquí

馬球
polo

活動
activitats

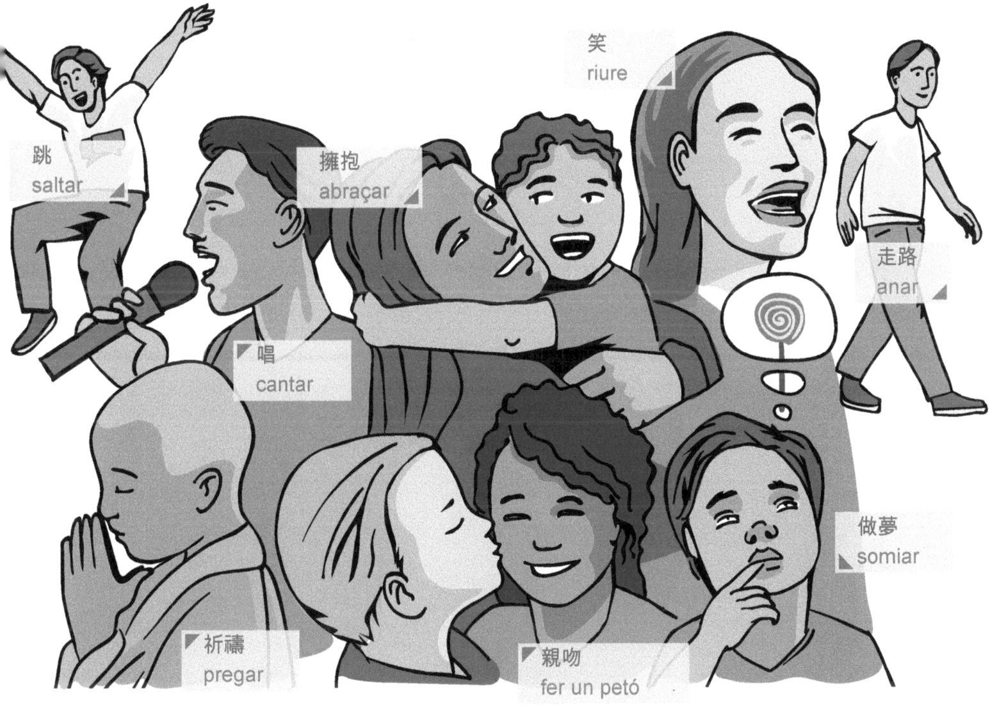
跳
saltar
擁抱
abraçar
笑
riure
走路
anar
唱
cantar
做夢
somiar
祈禱
pregar
親吻
fer un petó

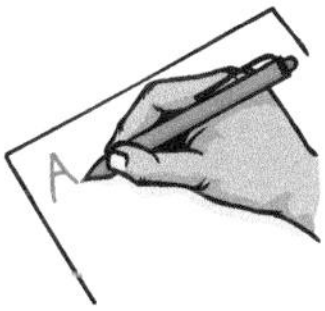

書寫

escriure

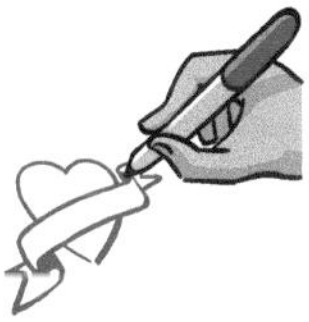

畫

dibuixar

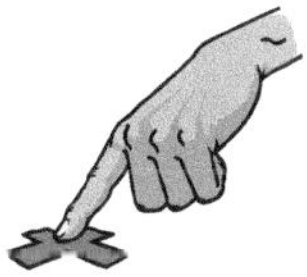

展示

mostrar

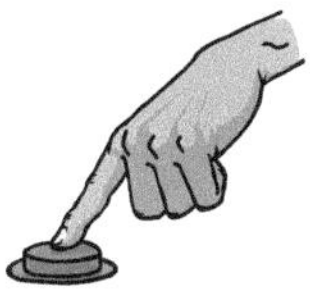

推

pitjar

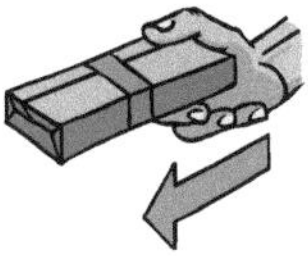

給

donar

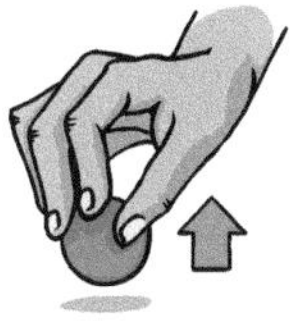

拿

prendre

有
tenir

做
fer

當
ésser

站
estar dret

跑
córrer

拉
estirar

丟
llançar

摔倒
caure

躺
jeure

等待
esperar

攜帶
portar

坐
asseure's

穿衣
vestir-se

睡覺
dormir

醒來
despertar-se

看
mirar

哭
plorar

擊
amoixar

梳頭
pentinar

交談
parlar

明白
comprendre

問
demanar

聽
escoltar

喝
beure

吃
menjar

清理
endreçar

愛
estimar

做飯
cuinar

開車
conduir

飛
volar

航行

navegar

計算

calcular

讀

llegir

學習

aprendre

工作

treballar

結婚

casar-se

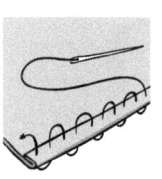

縫

cosir

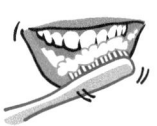

刷牙

raspallar-se les dents

殺

matar

抽菸

fumar

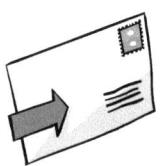

寄

enviar

祖母
àvia

祖父
avi

父親
pare

母親
mare

嬰兒
nadó

女兒
filla

兒子
fill

客人
convidat

阿姨
tia

叔叔
oncle

兄弟
germà

姐妹
germana

身體

cos

前額
front
眼睛
ull
肩膀
espatlla
手指
dit
臉
cara
下巴
barbeta
手
mà
腿
cama
乳房
pit
手臂
braç

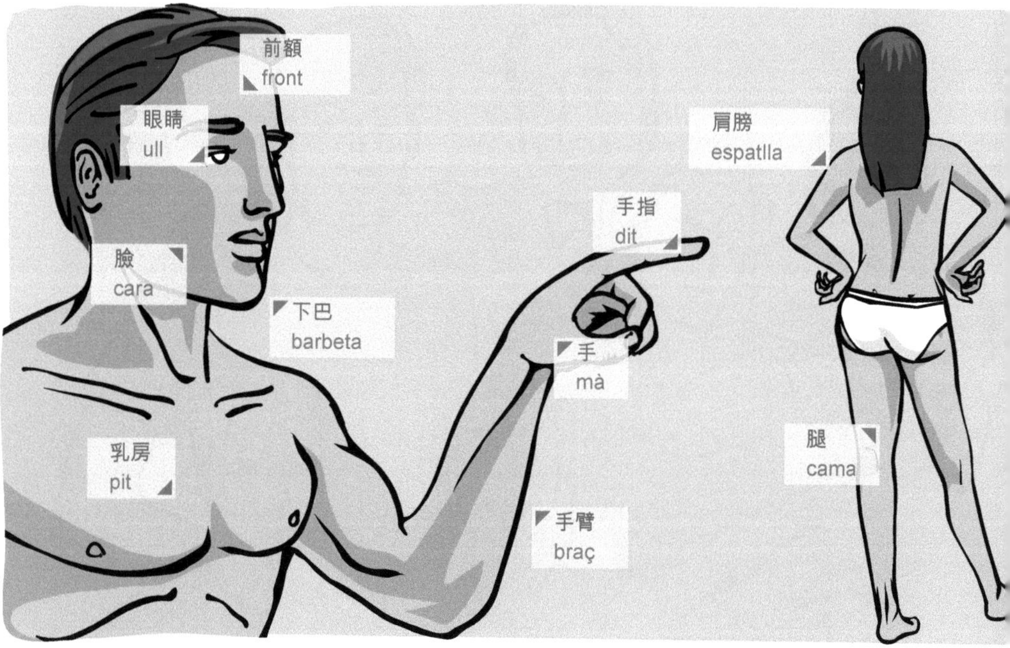

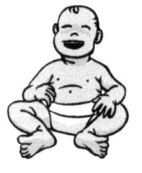

嬰兒

nadó

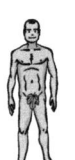

男人

home

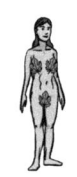

女人

dona

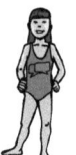

女孩

noia

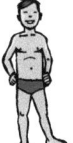

男孩

noi

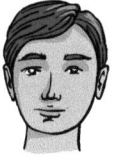

頭

cap

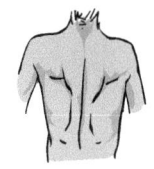

背部

esquena

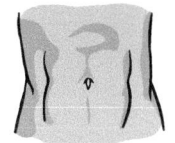

肚子

panxa

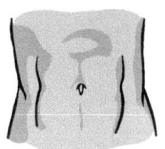

肚臍

melic

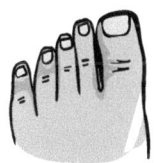

腳趾

dit gros del peu

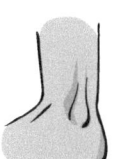

腳後跟

taló

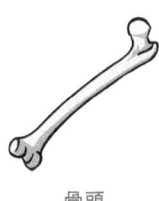

骨頭

os

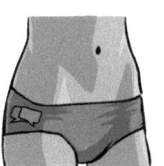

臀部

maluc

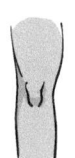

膝蓋

genoll

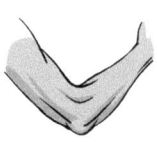

手肘

colze

鼻子

nas

屁股

cul

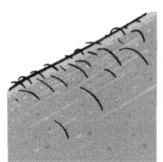

皮膚

pell

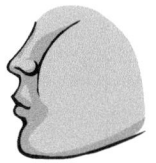

臉頰

galta

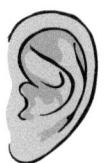

耳朵

orella

嘴唇

llavi

嘴
boca

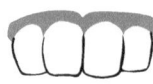

牙齒
dent

舌頭
llengua

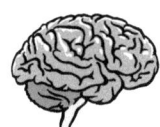

腦
cervell

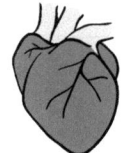

心臟
cor

肌肉
múscul

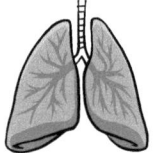

肺
pulmó

肝臟
fetge

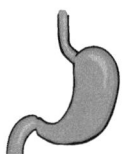

胃
estómac

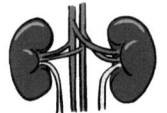

腎臟
ronyó

性交
relació sexual

保險套
preservatiu

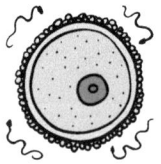

卵子
ovari

精子
semen

懷孕
prenyat

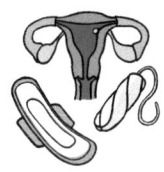

月事
menstruació

陰道
vagina

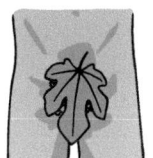

陰莖
penis

眉毛
cella

頭髮
cabells

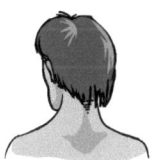

脖子
coll

身體 - cos

醫院

hospital

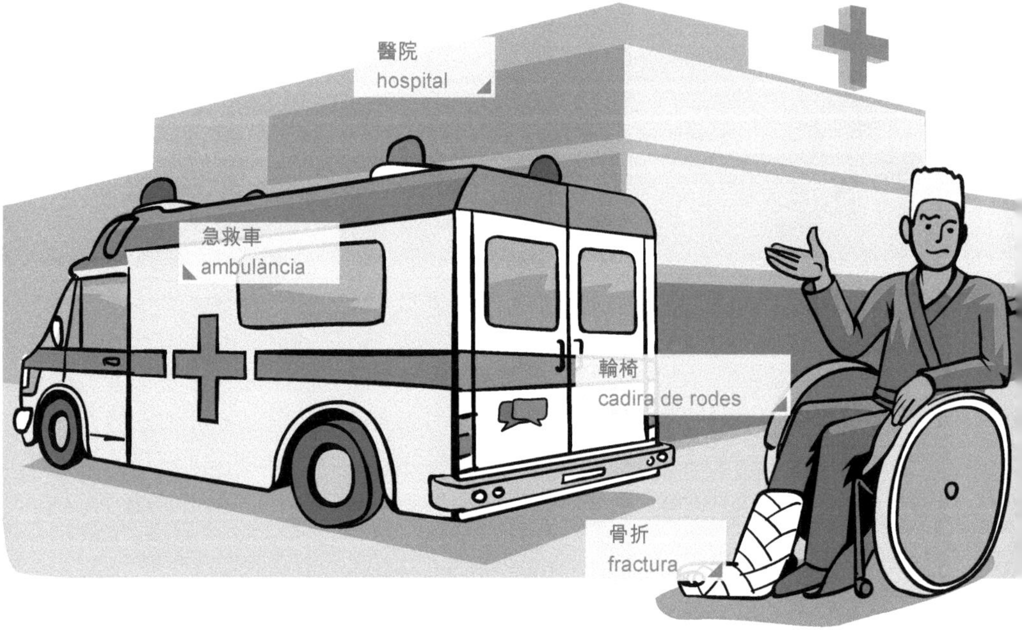

醫院
hospital
急救車
ambulància
輪椅
cadira de rodes
骨折
fractura

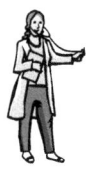

醫師

doctora

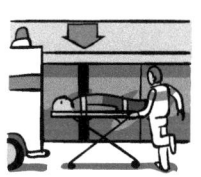

急診室

sala d'urgències

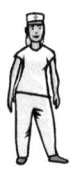

護理師

infermera

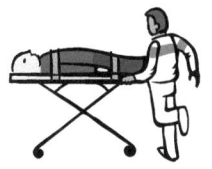

緊急情形

urgència

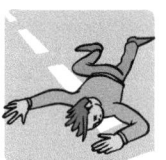

昏迷

inconscient

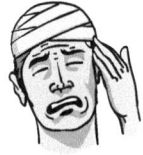

痛

dolor

受傷

ferida

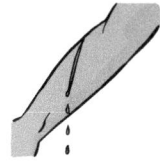

出血

sagnament

心臟病發作

atac de cor

中風

apoplexia

過敏

al·lèrgia

咳嗽

tos

發燒

febre

流感

gripa

腹瀉

diarrea

頭痛

mal de cap

癌症

càncer

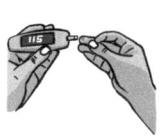

糖尿病

diabetis

外科醫師

cirurgià

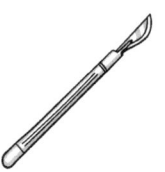

手術刀

escalpel

手術

operació

電腦斷層掃描
tomografia computada (TC), TAC

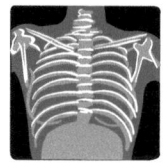

X光
raigs x

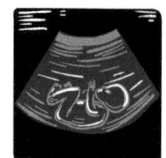

超音波
ultrasò

口罩
mascareta

疾病
malaltia

候診室
sala d'espera

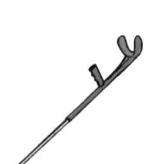

拐杖
crossa

石膏
tireta

繃帶
embenat

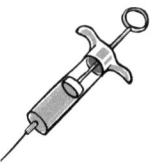

注射
injecció

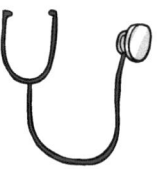

聽診器
estetoscopi

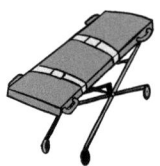

擔架
llitera

體溫計
termòmetre clínic

出生
pariment

超重
sobrepès

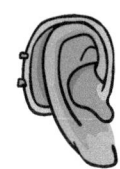

助聽器

aparell auditiu

消毒液

desinfectant

感染

infecció

病毒

virus

愛滋病

VIH / SIDA

藥物

medicina

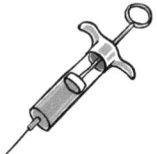

接種疫苗

vaccí

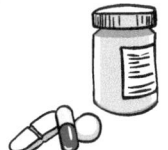

藥片

comprimits

藥丸

píl·lola

急救電話

trucada d'urgència

血壓計

tensiòmetre

生病/健康

malalt / sà

醫院 - hospital

救命！

Socors!

警報

alarma

突擊

assalt

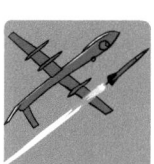

攻擊

atac

危險

perill

緊急出口

sortida-eixida d'urgència

失火了！

Foc!

滅火器

extintor

意外

accident

急救箱

farmaciola de primers auxilis

呼救訊號

SOS

員警

policia

歐洲

Europa

北美洲

Amèrica del Nord

南美洲

Amèrica del Sud

非洲

Àfrica

亞洲

Àsia

澳洲

Austràlia

大西洋

Atlàntic

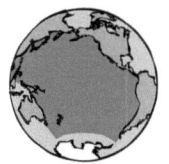

太平洋

Pacífic

印度洋

Oceà Índic

南冰洋

Oceà Antàrtic

北冰洋

Oceà Àrtic

北極

pol nord

南極
pol sud

南極洲
Antàrtida

地球
terra

陸地
país

海
mar

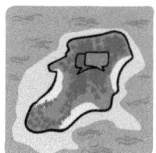

島
illa

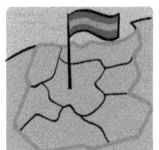

國家
nació

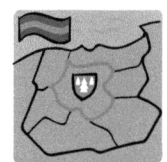

州
estat

錶盤

quadrant

時針

agulla de les hores

分針

agulla dels minuts

秒針

agulla dels segons

現在幾點？

Quina hora és?

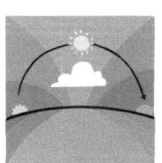

天

dia

時間

temps

現在

ara

電子錶

rellotge digital

分

minut

時

hora

週

setmana

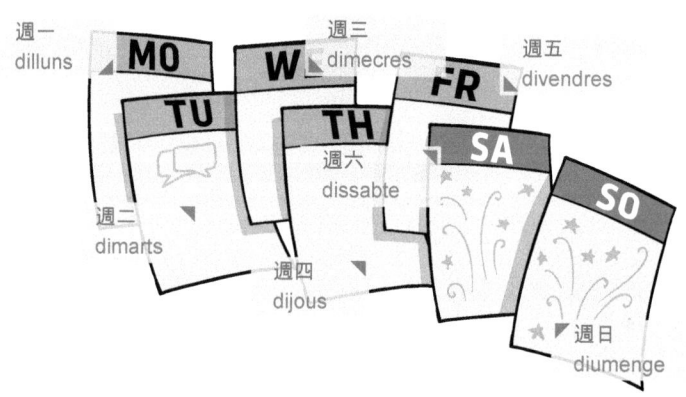

週一 dilluns
週二 dimarts
週三 dimecres
週四 dijous
週五 divendres
週六 dissabte
週日 diumenge

昨天
ahir

今天
avui

明天
demà

早晨
matí

中午
migdia

晚上
tarda

MO	TU	WE	TH	FR	SA	SU
1	2	3	4	5	6	7
8	9	10	11	12	13	14
15	16	17	18	19	20	21
22	23	24	25	26	27	28
29	30	31	1	2	3	4

工作日
dia feiner

MO	TU	WE	TH	FR	SA	SU
1	2	3	4	5	6	7
8	9	10	11	12	13	14
15	16	17	18	19	20	21
22	23	24	25	26	27	28
29	30	31	1	2	3	4

週末
cap de setmana

年
any

雨
pluja
彩虹
arc de Sant Martí
雪
neu
風
vent
春
primavera
秋
tardor
夏
estiu
冬
hivern

4.APRIL 11°
5.APRIL 4°
6.APRIL 13°
7.APRIL 8°
8.APRIL 10°

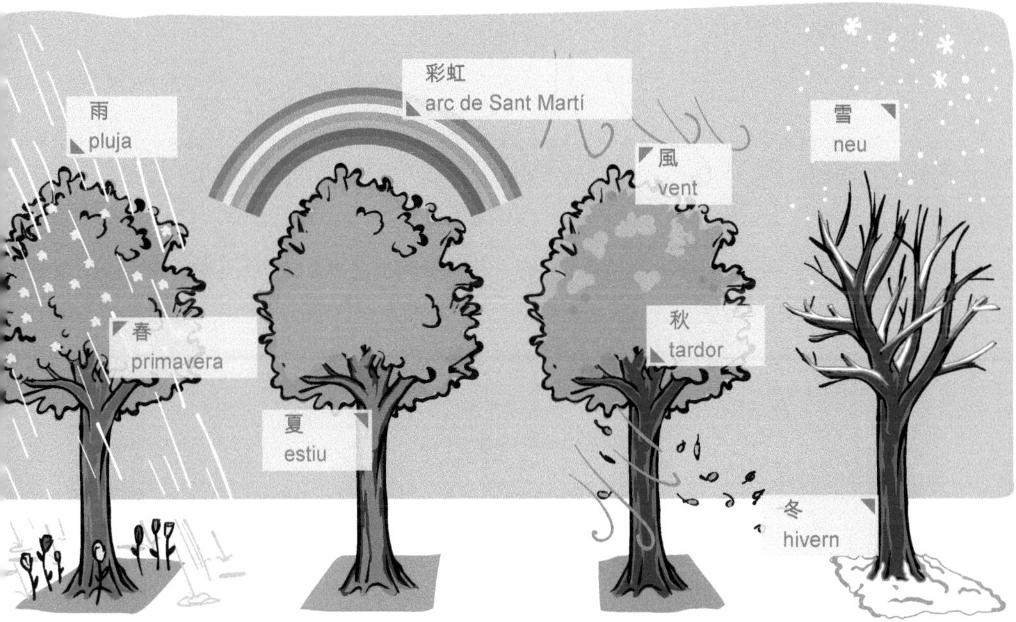

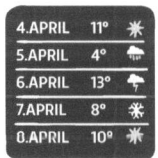

天氣預告

pronòstic del temps

F C
120 90 60 30 0 -30
40 30 20 10 0 -10 -20

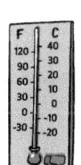

溫度計

termòmetre

陽光

llum del sol

雲

núvol

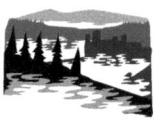

霧

boira

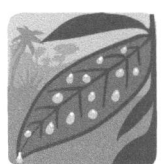

潮濕

humiditat de l'aire

閃電

llamp

打雷

tro

風暴

tempesta

冰雹

calamarsa

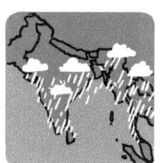

季風

monsó

洪水

inundació

冰

gel

一月

gener

二月

febrer

三月

març

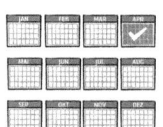

四月

abril

五月

maig

六月

juny

七月

juliol

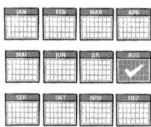

八月

agost

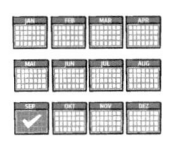

九月
....
setembre

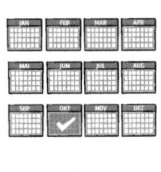

十月
....
octubre

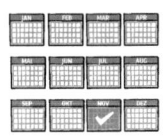

十一月
....
novembre

十二月
....
desembre

圓形
....
cercle

正方形
....
quadrat

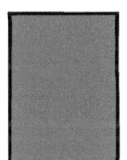

長方形
....
rectangle

三角形
....
triangle

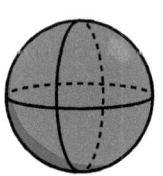

球體
....
esfera

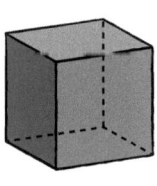

立方體
....
cub

白
blanc

黃
groc

橙
taronja

粉
rosa

紅
vermell

紫
lila

藍
blau

綠
verd

棕
marró

灰
gris

黑
negre

很多/少許

molt / poc

生氣/平靜

emprenyat / tranquil

美/醜

bonic / lleig

首/尾

començament / fi

大/小

gran / petit

明/暗

clar / fosc

兄弟/姐妹

germà / germana

乾淨/骯髒

net / brut

完整/缺失

complet / incomplet

白天/晚上

dia / nit

死/生

mort / viu

寬/窄

ample / estret

可食用/非食用

comestible / immenjable

邪惡/善良

dolent / amable

興奮/無聊

entusiasmat / entediat

胖/瘦

gros / prim

第一/最後

primer / darrer

朋友/敵人

amic / enemic

滿/空

ple / buit

硬/軟

dur / tou

重/輕

pesant / lleuger

餓/渴

gana / set

生病/健康

malalt / sà

非法/合法

il·legal / legal

聰明/愚笨

intel·ligent / ximple

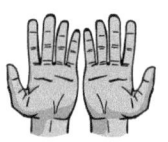

左/右

esquerra / dreta

近/遠

prop / llunyà

86   反義詞 - oposats

新/舊
nou / usat

沒有/有些
res / quelcom

老/幼
vell / jove

開/關
encès / apagat

打開/闔上
obert / tancat

安靜/吵鬧
silenciós / sorollós

富/窮
ric / pobre

對/錯
correcte / incorrecte

粗糙/光滑
aspre / suau

傷心/高興
trist / content

短/長
curt / llarg

慢/快
lent / ràpid

濕/乾
humit / sec - eixut

溫暖/涼爽
calent / fred

戰爭/和平
guerra / pau

0

零

zero

1

一

u

2

二

dos

3

三

tres

4

四

quatre

5

五

cinc

6

六

sis

7

七

set

8

八

vuit

9

九

nou

10

十

deu

11

十一

onze

12
十二
dotze

13
十三
tretze

14
十四
catorze

15
十五
quinze

16
十六
setze

17
十七
disset

18
十八
divuit

19
十九
dinou

20
二十
vint

100
百
cent

1.000
千
mil

1.000.000
百萬
milió

英語

anglès

美式英語

anglès americà

普通話

xinès mandarí

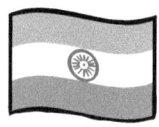

印地語

hindi

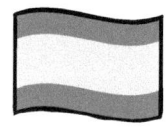

西班牙語

espanyol

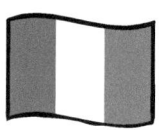

法語

francès

阿拉伯語

àrab

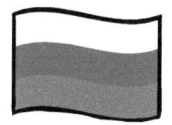

俄語

rus

葡萄牙語

portuguès

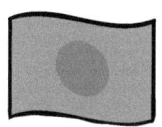

孟加拉語

bengalí

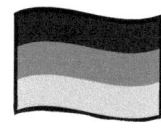

德語

alemany

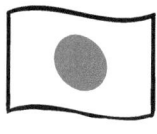

日語

japonès

我
jo

你
tu

他/她/它
ell / ella / allò

我們
nosaltres

你們
vosaltres

他們
ells

誰？
qui?

什麼？
què?

如何？
com?

何處？
on?

何時？
quan?

名字
nom

on

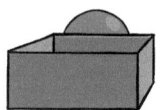

後面
darrere

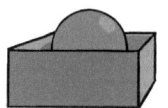

裡面
en

前面
davant de

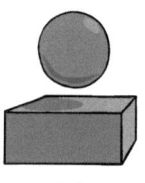

上方
damunt

上面
sobre

下麵
sota

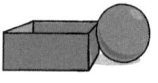

旁邊
al costat

中間
entre

地點
lloc